DEUXIÈME CONGRÈS NATIONAL D'ASSISTANCE

Les Tuberculeux chirurgicaux à l'Hôpital

Note par le Dr CAUCHOIS

Chirurgien en chef de l'Hôtel-Dieu.

ROUEN

IMPRIMERIE CAGNIARD (LÉON GY, SUCCESSEUR)

1898

DEUXIÈME CONGRÈS NATIONAL D'ASSISTANCE

Les Tuberculeux chirurgicaux à l'Hôpital

Note par le Dr CAUCHOIS

Chirurgien en chef de l'Hôtel-Dieu.

ROUEN

IMPRIMERIE CAGNIARD (LÉON GY, SUCCESSEUR)

1898

LES TUBERCULEUX CHIRURGICAUX A L'HOPITAL

Note par le Dr CAUCHOIS
Chirurgien en chef de l'Hôtel-Dieu.

L'observation des tuberculeux qui viennent à l'hôpital réclamer le secours de la chirurgie pour des affections locales me porte à m'associer aux conclusions présentées par mes collègues, principalement en ce qui concerne l'installation des tuberculeux en dehors des grandes villes, dans les hôpitaux de campagne, dans les sanatoriums.

Nos tuberculeux chirurgicaux sont de plusieurs sortes.

Il y a d'abord les malades atteints exclusivement de foyers tuberculeux externes; et nous voyons précisément pour eux ce fait singulier que des sujets, des enfants notamment, habitant la campagne, travaillant même en plein air, ou d'autres encore appartenant à des familles aisées, bien nourris et tenus proprement, dépérissent cependant et se cachectisent quand leurs tuberculoses locales sont en voie d'évolution.

Puis, ces malades sont admis à l'hôpital dans un service de chirurgie, au sein d'une grande ville; leurs foyers morbides sont détruits par l'acte chirurgical, et alors, tout en continuant à séjourner dans nos salles, on voit bientôt leur état général se modifier heureusement; ils reprennent des forces, leurs fonctions se régularisent, ils engraissent — jusqu'à un certain point du moins — car, pour assurer et maintenir une parfaite guérison, il faut les renvoyer à la campagne et soumettre leur convalescence à la *cure d'air*.

Pour ceux-là, l'isolement dans l'hôpital n'est d'abord point utile, c'est l'intervention chirurgicale qu'il leur faut et qui leur suffit.

La chirurgie, en effet, attaque aujourd'hui la tuberculose dans presque tous les points où elle se manifeste; la poursuivant sans relâche et ne pouvant se résoudre à désespérer d'un tuberculeux, parce qu'elle sait bien qu'en détruisant les foyers morbides, en enlevant, si possible, les organes malades, elle prévient à tout jamais l'envahissement général de l'organisme; en supprimant le foyer tuberculeux, elle supprime la cause de l'infection et apporte une guérison radicale que la médecine cherche encore en vain !

Et cela est si vrai, qu'elle a osé même s'attaquer avec succès à la tuberculose interne, celle des grands organes, le rein, le poumon lui-même.

Il y a particulièrement une forme de la tuberculose interne, dans laquelle la chirurgie s'est montrée efficace par une opération d'une grande simplicité, quoique hardie. Je veux parler du traitement de la tuberculose abdomino-péritonéale par la laparotomie.

Certes, l'opération, pour être suivie de succès, doit s'adresser à des formes spéciales; mais il n'en est pas moins vrai qu'il en existe un certain nombre d'exemples dans la science et, pour ma part, j'en ai pu réussir trois cas qui me sont personnels. Si je les mentionne ici, c'est parce qu'ils me servent à démontrer, d'une part, l'heureuse influence d'une intervention directe sur les foyers tuberculeux; d'autre part, la nécessité de compléter le traitement par la cure d'air, mieux encore, par le déplacement radical de l'opéré, du malade, par l'émigration urbi-rurale, suivant l'heureuse expression de mon illustre et regretté maître, le professeur Verneuil.

De ces trois cas, en effet, le premier remonte à plusieurs années, et l'opérée, ayant quitté Rouen pour habiter la campagne, est restée parfaitement guérie, bien qu'elle soit ouvrière, obligée de travailler péniblement pour gagner sa vie; la seconde, au contraire, plus fortunée, a tout aussi heureusement bénéficié d'abord de l'opération au point de vue local, mais elle a continué à séjourner à Rouen et, depuis quelque temps, sa poitrine n'est pas sans me donner certaines inquiétudes qu'un déplacement à la campagne viendra bientôt calmer, je l'espère.

La troisième malade enfin a été opérée récemment, elle occupe encore le service de l'Hôtel-Dieu, elle présente un aspect florissant; mais je compte bien obtenir son envoi dans un établissement spécial au bord de la mer pour assurer sa guérison.

Enfin, il y a une autre catégorie de tuberculeux chirurgicaux plus sérieusement atteints. Ce sont ceux chez qui, avec un ou plusieurs foyers externes, coexistent des lésions tuberculeuses plus ou moins avancées des organes internes, surtout des lésions pulmonaires. Chez ceux-là encore nous voyons les heureux effets de l'intervention chirurgicale. Après la destruction du foyer externe, après l'amputation d'un membre, les lésions pulmonaires tendent à s'améliorer et souvent s'améliorent notablement suivant le degré où elles sont parvenues.

C'est que, comme je le disais en commençant, non seulement les opérations sont habituellement bien supportées par les tuberculeux, mais encore l'immense majorité de ces derniers retirent un bénéfice évident des opérations destinées à supprimer chez eux les manifestations locales de la tuberculose.

Pour ces cas, *l'isolement ne signifie rien,* c'est l'acte chirurgical qui est tout. Et seulement encore jusqu'à un certain point, il ne portera tous ses fruits que s'il est suivi du traitement général hygiéno-diététique, lequel, *pour les tuberculeux de la ville,* a pour première nécessité l'*émigration à la campagne,* et, si l'opéré présente en outre des lésions pulmonaires, des lésions internes inopérables, son *installation,* pendant le temps nécessaire, *dans un sanatorium.*

Telle est la conclusion à laquelle je me range au nom de nos tuberculeux chirurgicaux, en attendant l'avènement d'une médication thérapeutique triomphante de la tuberculose pulmonaire, de la tuberculose en général ; avènement que les progrès de la science nous permettent d'espérer un jour !

www.ingramcontent.com/pod-product-compliance
Lightning Source LLC
LaVergne TN
LVHW010338230826
846091LV00009B/3925
* 9 7 8 2 0 1 9 2 3 3 1 5 0 *